José Ripoll.

~~¡MI NEGOCIO ES EL MEJOR!...~~

ERROR.

GUÍA BÁSICA Y NECESARIA PARA MONTAR TU NEGOCIO.

Introducción.

Se trata de una corta pero eficaz guía en la que voy a exponer cuales son los pasos más importantes a la hora de montar un negocio.

Voy a explicar las cosas de manera sencilla y directa, nada de hablar por hablar y escribir infinidad de páginas, todo lo contrario, lo vais a entender a la perfección y seréis capaces de poder decidir que tipo de negocio montar y de que manera hacer que sea uno de los más punteros en tan solo unas cuantas páginas.

Quiero dejar claro que esto es la punta del iceberg cuando nos referimos al tema de los negocios, pero a la vez también es cierto que se trata de un buen resumen de los pasos primordiales que debes de tener en cuenta a la hora de pensar en tu futuro negocio.

Pensar que un negocio se trata de una pequeña, mediana o gran inversión y de mucho sacrificio para sacarlo adelante y poder vivir de ello.

Hoy en día hay mucha gente que piensa que el tener tu propio negocio es algo muy sencillo y que cualquier cosa funcionará…

… es una gran equivocación.

Yo ofrezco las directrices esenciales que debes de tener en cuenta para poder confiar en que esa inversión de tu dinero, no sea en vano.

Un negocio es aquel en el cual, tú como propietario, no debes de estar trabajando, tienes que tener a tus propios trabajadores, eso si, cualificados para dar un buen servicio.

Se que casi todos los autónomos con negocio propio, son también trabajadores y si no me equivoco, trabajan más que los empleados.

Pues déjame decirte que eso es un **ERROR**.

En estos momentos estarás pensando; *"pero este loco que me está contando."*

Pues si, así es, te aconsejo que lo primero que debes de hacer es formarte muy bien mediante cursos y más cursos de cómo llevar un negocio, marketing, estrategias de venta, etc…

y así hasta adquirir los conocimientos necesarios para saber **DIRIGIR** y **NO TRABAJAR** como empleado en tu negocio.

¿Quieres ser el jefe y dedicarte en cuerpo y alma a que tu negocio avance y logre superar a la competencia?... o… ¿pasar a ser un empleado más?.

Te lo vuelvo a repetir para que se te grabe en tu memoria.

FORMACIÓN, APRENDIZAJE, CONOCIMIENTOS.

Son la clave para poder estar preparado y hacer que tu negocio sea el mejor.

Nunca se deja de aprender y más aún cuando se trata de tu propio negocio.

Entremos en lo que realmente importa y para eso, lo vamos a dividir solamente en tres apartados esenciales.

- <u>¿Qué negocio montar?</u>.

- <u>Darle forma a tu negocio</u>.

- <u>Estrategias para la apertura de tu negocio</u>.

Una vez termines de leer toda la guía y vayas a los negocios que sueles visitar, te darás cuenta que el 85% de ellos, no sigue ninguna de las reglas básicas que te voy a mostrar.

Así que presta atención y reten todos los datos en tu memoria.

Comencemos.

¿Qué negocio montar?

Esta parte es la principal y la más importante. Lo primero que tienes que saber es que…

… pensar que tu idea de negocio es buena y que va a funcionar, es una idea **EQUIVOCADA**.

Que te quede claro desde ahora en delante que el que decide si un negocio funciona y ha sido una decisión acertada, es el **cliente**.

Olvídate de pensar que tienes una idea de negocio alucinante y que va a arrasar porque es lo que la gente quiere o necesita.

Dicho esto, decirte que nadie sabe lo que la gente quiere.

"Fumar es perjudicial para la salud, pero la gente fuma. El alcohol, la comida basura y numerosas cosas más que las personas no deberían de hacer, pero lo hacen."

Entonces… ¿qué negocio debo montar?.

Para saber eso, debes descubrir cual es la **CARENCIA** que posee tu ciudad o zona.

Qué es lo que realmente necesita y ver a que sector le afecta dicha carencia.

Piensa que la **CARENCIA** es igual a oportunidad de negocio.

CARENCIA = OPORTUNIDAD NEGOCIO

Es primordial que descubras las carencias para así, buscar un negocio que se adapte a esas necesidades que los clientes no encuentran en esa ciudad o zona urbana.

Ejemplo erróneo: *"seguro que si monto un bar de tapas, triunfo". Si, podría ser, pero también hay que tener en cuenta que hay más de cincuenta bares de tapas. Te arriesgas a que no funcione debido a que la competencia es mucho mayor.*

¿Realmente piensas que es necesario otro bar de tapas?.
No te digo que no, pero ya deberías de enfocarte en lo que ofrecen los demás, donde suelen ir más clientes, que tipo de tapas hacen, precios, ambiente, servicio... y así innumerables datos que deberías de conocer para saber si realmente es factible montar otro bar. Con esto no quiero decir que no vaya a funcionar, todo lo contrario, el único inconveniente es que será mucho más duro a la hora de competir y deberás de dedicarle mucho tiempo para descubrir la forma de ser diferente y original respecto a los demás.

Ten claro una cosa muy pero que muy importante, y se trata de que tienes que olvidarte de pensar...

" a mi se me da muy bien hacer pasteles y tartas, a si que voy a montar una pastelería ".

ERROR.

El error es que en realidad estás montando un negocio para trabajar tu debido a tus cualidades.

Si realmente haces eso, pasarás a ser un empleado y el problema principal que eso conlleva, es que no es compatible trabajar como si fueras un empleado más y dedicarle el tiempo necesario para dirigirlo y centrarte en las técnicas de venta y marketing que necesitas para hacer que tu negocio sea el mejor.

Tienes que centrar toda tu energía en dirigir el negocio. Esa es tu principal tarea. **DIRIGIR**.

Te digo todo esto para que sigas los pasos exactos y acertados.

Si te paras a pensar un segundo, entenderás que si realmente estás formado y preparado para dirigir un negocio, créeme que te dará igual que tipo de negocio montar debido a que los negocios son todos iguales cuando nos referimos a saber dirigirlos.

Es cierto que si posees conocimientos sobre lo que vas a ofrecer en tu negocio, ayudará pero solo si es para aportar ideas o soluciones en lo que a productividad se refiere.

Solo tendrás que buscar a empleados cualificados para que el servicio sea excepcional. No dejes de lado este consejo porque el buen servicio, la buena atención, la rapidez y la experiencia de tus empleados, son esenciales para que un negocio funcione.

El _saber dirigir_ te dará una gran ventaja y mayor probabilidad de saber que tu negocio funcionará, ya que habrás montado uno que ofrece esa carencia que realmente busca y necesitan las personas.

Si haces un ejercicio de memoria, verás que todo lo que te estoy explicando tiene sentido y es la forma de asegurarte la inversión que vayas a realizar.

Debes de saber que tres de cada cinco pequeños negocios, cierran sus puertas e ilusiones depositadas.

No quiere decir que tu vayas a ser una de esos tres, al contrario, si haces caso de todos los consejos que te doy, créeme que saldrás adelante.

La gente monta negocios por montar algo. Alquilan un local sin estudiar la zona, levantan la persiana, pintan las paredes de cualquier color, la decoración es básica y sin sentido a lo que ofrecen, y así infinidad de detalles que al final hacen que el negocio sea uno más y no destaque en nada de los de la competencia.

Piensa que tu negocio debe de llamar la atención por;

- Su imagen exterior.

- El ambiente que crees en su interior.

- Que cada detalle en la decoración le diga algo o transmita la esencia de lo que estás ofreciendo.

- Que salte a la vista que se trata de un negocio totalmente diferente a lo que están acostumbrados a ver por esa zona.

- Que cuando se vayan los clientes se acuerden de la experiencia de compra que han tendido.

Eso es lo más importante y en donde te debes de centrar, se trata de conseguir…

...UNA EXPERIENCIA DE COMPRA INOLVIDABLE.

La experiencia de compra es cuando sales de un negocio y sientes que has sido alguien especial, la sensación de ser una persona muy importante, como si fueras de la realeza.

Algo que en los demás negocios a los que sueles ir no encuentras y ni te ofrecen la mitad de las sensaciones que te ha transmitido el anterior.

Ese es el tipo de negocio que debes tener.

Da igual lo que ofrezcas, pero eso si, ofrécelo de tal manera que ese cliente cuando salga de tu negocio, se sienta la persona más especial del mundo.

Ten por seguro que a las personas que se vaya encontrando, de lo primero que les hablará, será de tu negocio.

Dicho todo esto y elegido ya el tipo de negocio que vas a montar, toca paso de buscar todo lo relacionado con la zona, imagen, decoración, en pocas palabras, conseguir ser *original y diferente*.

Pero antes de entrar en esos temas, a continuación repasamos las cosas más importantes de las que hemos hablado hasta ahora.

- Debes **FORMARTE** mediante cursos sobre negocios, ventas u otros que estén relacionados con este mundillo.

- Encontrar esa **CARENCIA** y de ahí crear un negocio que la cubra. No caigas en el error de montar algo que tu sepas hacer si ves que no es una carencia en esa zona o ciudad.

- El negocio se monta para no ser un empleado más. Tu misión es la de **DIRIGIR**.

- Busca **EMPLEADOS CUALIFICADOS** y que se ajusten al tipo de negocio, tanto en experiencia como en imagen.

- Cuida la **IMAGEN** exterior e interior, respetando siempre la esencia de lo que ofreces.

Y por último y más importante…

- Ofrece una **EXPERIENCIA DE COMPRA** inolvidable.

Darle forma a tu negocio.

Aunque no te lo creas, *LA IMAGEN ES MUY IMPORTANTE*.

No dejes ningún detalle por mínimo que sea. Todo debe de estar perfecto.

Piensa bien qué es lo que quieres transmitir al público una vez entre en tu negocio y de que forma plantearás tu escaparate o zona exterior para poder llamar la atención a los viandantes.

Cualquier cosa, ya sean lámparas, mesas, vitrinas, estanterías, zona de atención al cliente o cobro, hasta en los indicativos del precio de los artículos, deben de ser originales.

Contra más original seas, más le gustará al cliente. Eso si, vuelvo a repetir que…

todo debe de estar en armonía y respetar la esencia de lo que estás ofreciendo.

Para realizar todo esto, debes dedicar tiempo a buscar negocios como el tuyo o similares, hacerte una idea de cómo lo tienen montado, que es lo que ofrecen exactamente, imagen, precios, etc…

Mi consejo es que adquieras las ideas de negocios que sepas que funcionan a la perfección o sean conocidos.

Si vas a copiar algo… cópialo de los mejores.

Busca por internet en diferentes webs para conseguir un producto de calidad y si puede ser a buen precio.

No tienes que pensar en ningún momento buscar lo más barato con el fin de ahorrarte unos cuantos euros y por otro lado perderlo en calidad.

Se diferente, eso es lo que busca la gente, ver cosas originales.

Piensa que es tuyo, eres el creador, te va a dar de comer y vas a poder vivir de ello y obtener los máximos beneficios posibles, así que, mima cada detalle.

- Otro aspecto no menos importante es la <u>ZONA</u>.

Tienes que perder el tiempo necesario para encontrar una zona idónea y que realmente se necesite de tu negocio para cubrir esa carencia de la que tanto te repito.

Este es un tema más delicado ya que debemos de hacer cálculos con lo referido al alquiler. Hay que buscar un local que esté bien situado y con un alquiler asequible.

El tamaño del local no es muy importante a primera vista, ya que seguramente, si encuentras uno que cumpla tus expectativas, el negocio que tienes pensado lo ajustarás y distribuirás acorde con los metros que posea.

Está claro que hay determinados negocios que de por sí, necesitan ya de locales grandes o con unas determinadas condiciones. Por eso el tema de encontrar un local es más complejo.

Lo que realmente importa es la <u>UBICACIÓN</u>.

Te voy a recordar algo que te va ha ayudar a la hora de decidir dar el paso de la inversión, se trata de las <u>AYUDAS</u>.

Infórmate bien de todas y cada una de las ayudas que ofrecen las comunidades, los ayuntamientos de tu ciudad, el estado y cualquier otra ayuda que puedas conseguir para nuevos emprendedores.

Aunque parezca una tarea pesada, al final te ayudará en el tema económico y eso se agradece. Quiero que sepas que hay personas que se dedican a informarte y se encargan de todo lo relacionado con el tema de ayudas para negocios, licencias de apertura, etc…

Como ves no todo es pagar, cualquier ayuda en lo referido al dinero es bienvenida.

Imagínate que ya lo tienes todo montado y a punto de realizar la apertura. Sería una buena señal de que todo ha ido bien, pasaremos al siguiente punto que también es muy importante, pero antes vamos a resumir.

- La **IMAGEN** es crucial para llamar la atención de los clientes.

- Piensa a lo grande y se **ORIGINAL**.

- Copia a los mejores y dale otro enfoque para ser **DIFERENTE**.

- Busca la **UBICACIÓN** idónea.

- Consigue todas las **AYUDAS** que puedas para la inversión.

Estrategias para la apertura de tu negocio.

En este apartado vamos a tratar cosas básicas sin entrar en muchos detalles que debes de hacer antes de inaugurar tu negocio y una vez esté en funcionamiento.

Por fin tienes tu negocio montado o quedan varios días para que termines de ultimar detalles y hagas la apertura. Es aquí cuando tienes que dedicarle un buen tiempo a preparar la publicidad referida con la inauguración. Podríamos destacar lo siguiente;

- Debes de saber el día y hora exacta de la apertura. Busca un día en el cual veas que habrá mayor trafico tanto de personas por la zona, como de vehículos.
No es lo mismo abrir y que no pase nadie por tu zona que ser el <u>día de mayor afluencia</u>.

- Realizar <u>folletos</u>, <u>tarjetas</u> o lo que tu veas más adecuado.

De esa forma podrás ir unos días antes por los diferentes comercios y dejar con el permiso del dueño, la publicidad sobre tu apertura. Te aseguras que todos los cliente que entren en las tiendas de tu alrededor, se enteren de tu negocio.

Entérate también de si tu ciudad posee una <u>revista</u> o <u>periódico</u> local y anúnciate.
 Existe la posibilidad que tu ciudad o pueblo posea una <u>televisión</u> local, en la que también seria buena idea utilizarla como medio para darte a conocer.

No te olvides de la radio, pregunta presupuesto, aunque solamente sea para un par de días antes de la inauguración, no es necesario toda una semana. Te lo aconsejo.

¿Cuantos negocios han abierto por tu zona y ni siquiera te habías enterado?

No hace falta ni que contestes, sabemos que más del 80% no invierten nada en publicidad. Es un gran error, ya que el arranque de tu negocio seria mucho más lento, y de lo que se trata es de conseguir beneficios cuanto antes .

- Mi consejo es que realices una pequeña oferta, promoción o incluso algún detalle gratuito para todas las personas que visiten tu negocio el día de la inauguración. Todo eso lo deberás de anunciar ya que a las personas les gusta mucho que les regalen cualquier cosa o hagas unas buenas ofertas a determinados productos.

**¡Enhorabuena!,
ya tienes en funcionamiento tu propio negocio.**

Créeme que si has seguido todos los pasos que te he mostrado, tendrás un negocio diferente al resto.

Ahora es cuando realmente vas a empezar a trabajar día tras día para mantener a flote tu creación.

Para asegurarte el futuro de tu negocio, deberás formarte todavía mucho más en lo relacionado con técnicas de ventas, captación de clientes, fidelización, futuros clientes, margen de beneficios, tipos de ofertas, etc…

Si realmente piensas en tener tu propio negocio, no lo dudes, lucha por lo que quieres hasta conseguirlo. Levántate cada día con energía para hacer que tu negocio sea uno de los mejores.

Como ya te había dicho anteriormente, ahora entrarás a determinados establecimientos y verás las carencias que poseen.
Por una parte es bueno para tu negocio ya que partes con la ventaja de ser diferente.

La IDEA no te llevará al éxito,
el éxito dependerá de cómo
ejecutes esa
IDEA.

Tu mayor enemiga es la MENTE.
Ella hará todo lo posible para sabotear tus propósitos.

Debes salir de la
ZONA de CONFORT.
Es la cárcel que toda persona
lleva en su interior.

Inténtalo una y otra vez.
No dejes que nadie
te quite tus ilusiones.

Lucha por tus sueños,
si desistes, habrás perdido
la batalla contra tus miedos.

Recuerda…

SE DIFERENTE.

LA DIFERENCIA MARCA EL ÉXITO.

"No te quedes nunca con la incertidumbre de si habría funcionado."

Dirigido a todas las personas que luchan por sus sueños y consiguen las metas que se proponen en la vida.

<u>*Personas Triunfadoras*</u>.

www.ingramcontent.com/pod-product-compliance
Lightning Source LLC
Chambersburg PA
CBHW021859170526

45157CB00006B/2511